飯 麺 湯 台湾小吃 どんぶりレシピ

シャオチー

口尾麻美

台湾には「小吃」と呼ばれる小腹にちょうどいいサイズの料理がある。
それらは街中にあふれていて、老若男女のお腹を満たしている。外食文化が根付く台湾ならではの食文化だ。
魯肉飯、麺線、貢丸湯をはじめ、ごはんもの、麺類、汁物、それらを彩る小さなおかずまで、幅が広い。

本書では、数ある「小吃」がある中で、その象徴的な小さめサイズのどんぶりに着目。
小さなどんぶりのおいしい旅に出かけることに。

台湾の街角の小吃に思いを馳せつつ、再現料理をまとめたレシピ集。
いっしょに「小吃」どんぶりの旅に出かけませんか。

口尾 麻美

CONTENTS

この本について
・本書では、台湾の調味料や食材を多用しています。
　特に多く使うものについては、P12〜15に紹介しました。
・火加減は特に表記のあるもの以外は中火です。
・小さじは 5 ml、大さじは 15ml です。

台湾の米

台湾の米は、粘り気が少なくぱらっとした在来米のインディカ米（長粒米）と、日本統治時代に品種改良された蓬莱米（台湾米）が主流。蓬莱米は、もっちりしていて香りがよく、産地によってさまざまなブランド米が存在する。そして台湾のおこわ、油飯（P26）や巨大なおにぎり、飯糰（ファントゥアン）などに使うもち米はインディカ米なので、澱粉質が少なめなのが特徴。どれも日本では入手が難しいので、下記のように手に入りやすい米で代用する。

本書で使った米

日本米+タイ米
台湾の屋台や食堂で食べられる在来米を再現するのに、日本米：タイ米＝4：1の割合で混ぜて使用したが、割合はお好みで。また日本米だけでもOK。

タイ米
粥を作るときは、粘り気が出ないようにタイ米を使用。

もち米
輸入食材店でタイ米（長粒米）のもち米は入手可能だが、本書では日本のもち米を使用。

台湾の主食は米だが、麺がもう一つの主食といっていいくらい麺料理がたくさんあり、麺の種類も多い。どれも日本の麺とは趣が異なり、コシがなく伸びない麺が多い。主に下記の麺で代用した。

本書で使った主な麺

中華麺
台湾では油麺と書く。日本の中華麺で代用。

米粉
新竹米粉は日本でも購入できる。汁あり、汁なし（炒め麺）として。水で戻して使う。

春雨
日本の春雨で代用。水で戻して使う。

細麺
台湾で最もポピュラーな麺。ツルッとしてコシが少ない。半田麺や稲庭うどん（冷凍）、カルグクス（小麦の風味が強く伸びない韓国のうどん。今回は乾麺を使用）で代用。

意麺
台南発祥の麺で小麦と卵のみで作られるちぢれ麺（鹽水意麺）。ツルッとした食感で、汁麺、あえ麺に使われる。刀削麺や半田麺で代用。他に揚げ麺タイプもある。

陽春麺
この料理の麺として売られているのは小麦の幅広麺が多いが、現地では麺の種類は問わない。本書では半田麺で代用。

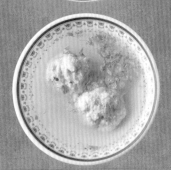

台湾の湯（スープ）

台湾のスープのベースは意外にもシンプルなものが多い。素材の味が重視で水から作るもの、肉からスープを取るもの、干ししいたけや干しえびなど乾物を加えたり、スパイスをきかせるものなどさまざまだ。

本書で使ったスープ

ひき肉のスープ
豚と鶏のひき肉のスープ。クセがなく澄んだスープでいろいろ展開できる万能スープ（P11 参照）。

チキンスープ
むね肉や鶏の骨付き肉のスープ。市販の顆粒だしなどで代用可。

薬膳スープ
四神湯（P90）や下水湯（P100）など屋台でおなじみのスープは、市販の漢方の生薬キットを活用。輸入食材店で購入できる。

カツオだし
麺線などに代表される、カツオをきかせたスープを再現するために厚削りのカツオ節を使用。市販の顆粒だしなどで代用可。

乾物スープ
干しえびや干ししいたけ、スルメイカなどを使ったスープ。ほかのスープに加えても、良いだしになってくれる。

干しえびや干ししいたけは、具材のように使っても便利（P26、40、76、102、106）。

ひき肉のスープ（清湯）

本書で最も活躍する万能スープ。
だしを取った後のひき肉は料理にも活用できる。

＜材料・1回分＞

鶏ひき肉 … 150g
豚ひき肉 … 150g
水 … 1ℓ

作り方

1 ボウルにひき肉を入れ、ひき肉がかぶるくらいの
水（分量外）を入れ、混ぜてほぐす。

2 鍋に水を入れ、沸騰したら**1**のひき肉を入れる。

3 ひき肉が浮いてきてスープが澄んだら、
アクを取るか、もしくは漉してできあがり。

スープの名脇役「つけダレ」

台湾の食堂でスープを頼むと、よく一緒に出される醤油膏のタレと千切りのしょうが。
スープの具をそのままいただいても、このタレをつけても、
一度で二度おいしい、台湾式のスープの楽しみ方。

芹菜 (セロリ)

香菜 (パクチー)

油葱酥
(フライドエシャロット)

台湾の味の決め手、「王道の薬味」

台湾のスープはあっさりした味わいで、最初は拍子抜けするかもしれないが、セロリ、パクチー、フライドエシャロットを加えた途端に、一気に台湾の味になるから不思議。食堂での薬味の定番。

芹菜 (チンツァイ)　台湾のセロリは細くて香りがよい。スープセロリに近い。

香菜 (シャンツァイ)　薬味にする場合は、みじん切りにする。

油葱酥 (ヨウツォンスー)　エシャロット (赤わけぎ) を薄切りにして揚げたもの。市販品もあるが、手作り (P49) が一番おいしい。フライドオニオンで代用してもよい。

つけ合わせでお好みの小吃をグレードアップ

台湾独特の茶色いおかずに彩りや味の変化をもたらしてくれる、優秀な引き立て役。

高菜炒め

魯肉飯（P30）や牛肉麺（P66）のように濃い味のものの味変にも。

作り方
刻んだ高菜漬と鷹の爪を油で炒め、醤油と砂糖で味つけする。

煮卵

魯肉飯（P30）や雞腿飯（P36）にはほぼついてくる大定番。

作り方
殻をむいた茹で卵を、醤油と砂糖、好みの茶葉、干ししいたけと水適量で少し煮込み、漬けておく。

漬物（泡菜／パオツァイ）

炕肉飯（P18）や蝦捲飯（P42）のような脂っこい味も爽やかに。

作り方
ざく切りにしたキャベツと千切りのにんじんを塩で揉んでしんなりしたら、唐辛子を加えた甘酢に漬ける。

青梗菜、小松菜

茶色い料理に添えると、はっと目を引く鮮やかな緑。さっと茹でて使う。

たくあん（鹹菜脯／シエンツァイプー）

日本統治時代にもたらされ、年配者は日本語のまま「たくあん」と呼ぶことも。現在もさまざまな食堂の小吃に黄色い花を咲かせている。

台湾度をアップさせる調味料

その国の味に近づく第一歩は、調味料を知ることから。
台湾小吃の再現に欠かせない調味料を紹介します。

米酒
（ミージュウ）

米の焼酎。台湾では煮込み料理やスープなどによく使われる料理酒。

台湾醤油
（ジャンヨウ）

台湾の醤油で黒豆醤油（蔭油・壺底油ともいう）。甘味があるのが特徴。

白胡椒
（バイフージャオ）

味、香りともに日本のものよりも強い。台湾の家庭料理に欠かせない。

沙茶醤
（サーチャージャン）

炒めものを始め、旨味を出したいときはこれ。火鍋に入れるのも定番。

黒麻油
（ヘイマーヨウ）

黒ごま油。濃厚で苦味がある。滋養強壮効果があり、主に漢方系の料理に使われる（右が台湾の黒麻油）。

香油
（シャンヨウ）

白ごま油とサラダ油など、種類の異なる油を混ぜている。香りを気にせず幅広い料理に使える。

烏酢
（ウーツー）

台湾版ウスターソース。炒めものや焼きそばにかければさっぱり味変。

豆板醤
（ドウバンジャン）

ソラマメを発酵させた辛味調味料。台湾産はマイルドな酸味と旨味が特徴。

醤油膏
（ジャンヨウガオ）

とろみ醤油。甘くてとろみがあり、つけダレや煮込みに使われる。

甜辣醤
（ティエンラージャン）

甘口のチリソース。つけダレにはもちろん、炒めものにも便利に使える。

香酢
（シャンツー）

黒酢。もち米を発酵させて作られ、一般的な酢より熟成期間が長く、コクがあり香りがよい。アミノ酸が豊富。

花椒醤
（ホアジャオジャン）

花椒やにんにくなどの具がジャリジャリ入った辣油。

手作り辣椒醤
ラージャオジャン

つけダレや、麺線など麺類の味変にも。
常備しておくと和食にも幅広く使えて便利。

＜材料・作りやすい分量＞

赤唐辛子（生）… 80g

A
- 豆板醤 … 大さじ1
  →好みで加減して
- 塩 … 小さじ2
- 砂糖 … 小さじ1〜
- 酢 … 小さじ1

作り方

1) フードプロセッサーに唐辛子を入れ、適当な大きさに粉砕する。

2) フライパンに**1**と**A**を入れて混ぜ、ひと煮立ちしたらできあがり。

辛味調味料。食堂や屋台のテーブルによくスタンバイしている。辛さを足したいときに。

FAN

FAN

炕肉飯
カンロウファン

Kàng ròu fàn

ファン
飯 FAN

角煮ごはん

豚バラの煮込みは台湾人の大好物。
とろとろ寸前の味の染みた煮込みは贅沢な味わい。

材料3 〜 4人分

ごはん … 茶碗3 〜 4杯分
豚バラ肉（皮付き）… 500g

A
台湾醤油 … 100ml
醤油膏 … 大さじ1
米酒 … 大さじ2
氷砂糖（または砂糖）… 大さじ2
五香粉 … 小さじ1/4
わけぎ（10cmざく切り）… 2 〜 3本
しょうが（薄切り）… 3枚
水 … 300ml

作り方

1. 豚バラ肉は2cm幅に切る。鍋に水を入れて沸騰したら3 〜 5分茹でて湯を切り、水で洗う。

2. 鍋に1とAを入れて火にかける。沸騰したら弱火で1時間煮る（または30分煮て15分休ませてさらに30分煮る）。

3. 肉が柔らかくなったら、器にごはんを盛り、煮汁をかけ、肉をのせてできあがり。
好みで泡菜やたくあんを添えていただく。

Column
台湾では「猪肉」と書いて豚肉。毛と尻尾以外は、余すところなく食べるといわれている。
そしてそれらを使った名物料理が角煮以外にも魯肉飯（P30）や猪脚飯（ジュージャオファン）などたくさんある。

台式咖哩飯

タイシィガーリーファン

Tái shì gā lí fàn

台湾式カレー丼

カレー特有のパンチがなくとろみが強い、まるでシチューのような独特な味わい。
味噌汁と目玉焼きを添えて辣椒醬をトッピングすれば、現地っぽい小吃定食に。

材料2人分

ごはん … 茶碗2杯分
鶏むね肉（または豚肉）… 200g

A
```
塩 … 小さじ1/2
酒 … 大さじ1
片栗粉 … 小さじ2
```

玉ねぎ（角切り）… 1/2個
にんにく（みじん切り）… 小さじ1
サラダ油 … 大さじ2
カレー粉 … 大さじ3
じゃがいも（角切り）… 1個
にんじん（角切り）… 1本

B
```
チキンスープ（または水）… 600ml
塩 … 小さじ1
砂糖 … 大さじ1/2
胡椒 … 小さじ1/4
```

水溶き片栗粉 … 片栗粉大さじ1を水大さじ2で溶く

作り方

1）鶏肉は角切りにし、**A**であえておく。

2）中華鍋（フライパン）にサラダ油を熱し、
にんにく、玉ねぎを入れ、少し色づくまで炒める。

3）**2**にカレー粉を入れ、香りが出るまで炒めた
ら、**1**の肉を入れて炒める。

4）**3**にじゃがいも、にんじんを入れてさっと炒め、**B**を入
れ、沸騰したら中火で15〜20分煮る。

5）仕上げに水溶き片栗粉を加えてとろみをつける。
器にごはんを盛り、カレーをかけてできあがり。好
みで辣椒醬（P15参照）を添えていただく。

排骨飯
（パイダー　ファン）

Pái gǔ fàn

台湾風カツ丼

甘辛な味つけの豚肉の揚げ焼きをご飯にのせた、台湾のソウルフード。
食堂のほか、駅弁でもおなじみの顔。

材料2人分

ごはん … 茶碗2杯分
豚肩ロース肉（とんかつ用）… 2枚（1枚約150g）
揚げ油 … 適量

A
　台湾醤油 … 大さじ2〜3
　米酒 … 大さじ1
　砂糖 … 大さじ1
　塩 … 小さじ1/2
　白胡椒 … 小さじ1/2
　黒胡椒 … 小さじ1/2
　にんにく（薄切り）… 1かけ
　五香粉 … 小さじ1/3（好みで加減する）

（衣）
水 … 大さじ2
卵 … 1個
片栗粉 … 大さじ2
地瓜粉（台湾のタピオカ粉）… 大さじ2
※コーンスターチで代用可

作り方

1) 豚肉を叩いて厚さ5mmくらいになるように伸ばし、
筋切りする。

2) ボウルに1とA を入れて混ぜ、
冷蔵庫で1時間くらい寝かせる。

3) 衣の材料を混ぜ合わせ2の豚肉にまぶす。

4) フライパンに肉が浸るくらいの油を入れ、
160〜180℃で5〜6分、キツネ色になるまで揚げる。

5) 器にごはんを盛り、4をのせ、好みで高菜炒め、
茹でた青梗菜や煮卵を添えてできあがり。
好みで仕上げにオイスターソースをかけても。

Column
台湾の排骨は大きなサイズで売られていることが多い。日本の
ものより肉が平たいので、ボリュームがあるのに食べやすい。

八寶粥

バーバオジョウ

bābǎozhōu

伝統ぜんざい

仏教で釈迦成道の日とされる旧暦12月8日の「臘八節 (ラーバージェ)」に食べられるぜんざい。
ほんのり甘いやさしい味わい。台湾では朝ごはんにも食べられる。

材料2〜3人分

あずき … 60g
金時豆 … 50g
もち米 … 30g
好みの雑穀 … 20g
ナツメ … 4個

水 … 700ml
砂糖 … 50〜60g

ブラックタピオカ (冷凍) … 50g
クコの実 (水で戻す) … 適量

(白玉)
白玉粉 … 50g
水 … 50ml

作り方

1 金時豆は1時間程度、もち米は30分程度水に浸けておく。

2 鍋に水を切った**1**とあずき、雑穀、ナツメ、分量の水を入れ、弱火で40〜50分煮る。

3 ボウルに白玉粉と水を入れ、耳たぶくらいのかたさになるまで捏ね、直径1〜1.5cmに丸める。
鍋に湯を沸かして白玉を茹でる。
浮いてきたらさらに2〜3分茹で、水に浸けておく。

4 タピオカも茹でて水に浸けておく。

5 **2**のあずきが柔らかくなったら、砂糖と**3**と**4**を入れて温める。器に盛り、クコの実をのせてできあがり。

Column

彩りと食感をアップさせたい場合は、蓮の実 (8〜10個)、水で戻した緑豆 (20g)、ピーナッツ (15g) を2の段階で加えてもよい。

古早味油飯

グーザオウェイヨウファン

Gǔ zǎo wèi yóu fàn

P. 026

伝統おこわ

粉ものや西洋料理が食べられなかった時代、
おこわは朝ごはんの定番だった。

材料3 〜 4人分

もち米 (洗う) … 2合
水 … 1カップ
干ししいたけの戻し汁 … 1/2カップ

豚ロース肉 (細かく切る) … 100g
しょうが (みじん切り) … 1かけ
干ししいたけ (水で戻して千切り) … 4枚
干しえび (水で戻して刻む) … 大さじ1
油葱酥 … 大さじ2
サラダ油 … 小さじ1

A
醤油 … 大さじ3
紹興酒 … 大さじ1
砂糖 (またはきび砂糖) … 小さじ1/2
ごま油 … 少々
胡椒 … 少々

作り方

1) もち米を分量の水と干ししいたけの戻し汁と一緒に
炊飯器の内釜に入れて30分〜 1時間浸水させる。

2) フライパンにサラダ油を熱し、
豚肉を炒め、肉の色が変わったら干ししいたけ、
干しえび、しょうがを入れて炒める。
油葱酥と **A** を入れ、さっと炒めて火を止める。

3) 炊飯器の内釜に **2** を加えて炊く。

4) **3** が炊き上がったら10分蒸らす。器に盛り、
好みで甜辣醤をかけていただく。

Column
「古早味」は「昔ながらの味」つまり、台湾人にとって懐かしい伝統の味ということ。
しょうがの代わりににんにくを使うことも。

台南蝦仁飯

タイナンシアレンファン

Tái nán xiā rén fàn

P. 028

台南名物のえびごはん

本場は鴨の卵の目玉焼きをのせるのが定番。

材料3 〜 4人分

米 … 2合
水（炊飯用）… 2カップ弱
殻付き小えび … 20尾（300g）
九条ねぎ… 2本分
にんにく（みじん切り）… 小さじ1
サラダ油 … 大さじ1/2
濃いめのカツオだし（または水）… 200ml

A
┌ 醤油（またはだし醤油）… 小さじ1
│ オイスターソース … 小さじ1 〜 2
│ 酒 … 小さじ2
│ 塩 … 小さじ1/4
└ 白胡椒 … 小さじ1/3

作り方

1) 炊飯器で米を少しかために炊く。えびは塩（分量外）を
こすりつけながら洗い殻をむく。ねぎは白と緑の部分に分けておく。

2) 中華鍋（フライパン）に1のえびの殻を入れ、
乾煎りして臭みが飛んだら、Aを入れて煮詰める。
ねぎ（白）とカツオだしを加えひと煮立ちさせる。

3) 2の殻とねぎを漉し、スープを取っておく。

4) 別の中華鍋（フライパン）にサラダ油を熱し、
にんにくとねぎ（緑）、えびを入れて表面に焼き色がつくまで炒
め、3を加え、えびに火が通ったら具材を取り出す。

5) 器にごはんを盛り、4の具材とスープを混ぜ、できあがり。

Column
台南の名物小吃はちょっと変わっている。台南でしかとれないプリッとしていないえび、
べちゃっとしたご飯が特徴。再現したら現地よりおいしいものができあがった。

Lǔ ròu fàn

豚肉煮込みごはん

作り方もさまざま。作り手のこだわりが光る料理。
煮込み系は醤油膏の茶色がおいしさのポイント。

材料2 〜 3人分

ご飯 … 茶碗2 〜 3杯分
豚バラ肉 (かたまり) … 250g

A
| 台湾醤油 … 大さじ2
| 醤油膏 … 大さじ1
| 米酒 … 大さじ1
| 氷砂糖 … 大さじ1
| 油葱酥… 1/2カップ
| 五香粉 … 小さじ1/2
| ローリエ … 3〜4枚
| 干ししいたけ (水で戻す) … 2枚
| 水 … 300ml

茹で卵 (殻をむく) … 2〜3個

作り方

1) 豚バラ肉は細切りし、
フライパンで炒めて余分な脂を落とす。

2) 鍋に **1** の肉と**A**と茹で卵を入れ、
弱火で40 〜 50分煮込む。

3) **2** の肉がトロトロになったら火を止める。

4) 器にごはんを盛り、**3** をかけて茹で卵をのせて
できあがり。好みで高菜炒めを添えていただく。

Column
食べ物が乏しかった時代に、少ない材料を家族で分けられるようにと作られた料理。
今では屋台や食堂でおなじみの、誕生の歴史とともに愛され続ける台湾小吃の代表格。

雞肉飯

ファン
飯
FAN

鶏肉ごはん

台湾中部が発祥とされる。豚肉が手に入らなかった時代に、
魯肉飯の豚肉の代わりに七面鳥を使ったのが始まりといわれている。

材料2人分

ごはん … 茶碗2杯分
鶏むね肉（皮を取る）… 1枚

（タレ）
台湾醤油 … 大さじ3
砂糖 … 大さじ1
塩 … 小さじ1/2
酢 … 小さじ1
鶏の茹で汁 … 100ml

油葱酥 … 適量
油葱酥油（油葱酥を揚げた油）
 … 適量（P49参照）
※鶏皮をフライパンで焼いた脂で代用可

作り方

1) 鍋に鶏肉と水（分量外）を入れ、沸騰してから
約20分茹で、茹で汁は取っておく。

2) 鶏肉に火が通ったら、細く裂く。

3) 別の鍋にタレの材料を入れ、ひと煮立ちしたら、
火を止める。

4) 器にごはんを盛り、2の鶏肉をのせ、3のタレを
適量かけ、油葱酥と油葱酥油を散らし、
好みでたくあんを添えてできあがり。

Column

現地の丼は、タレ味というよりも油混ぜごはんといった方が近いシンプルなもの。蚵仔湯（P88参照）に合わせたい。

瓜仔肉燥飯

グァズロウザオファン

Guā zi ròu zào fàn

きゅうりの漬物入り肉そぼろ丼

脆瓜（ツイグア）を加えた肉そぼろは魯肉飯よりさっぱりしていて
飽きのこない味で家庭や食堂の定番。

材料2 〜 3人分

ごはん … 茶碗2 〜 3杯分
脆瓜（きゅうりの漬物）… 100g
豚ひき肉 … 200g
米酒 … 大さじ1
にんにく（みじん切り）… 小さじ1
万能ねぎ、赤唐辛子（生）… 適量

A
- 醤油 … 大さじ1
- オイスターソース … 小さじ1
- 白胡椒 … 適量
- 砂糖 … 小さじ1
- きゅうりの漬物の汁 … 大さじ1 〜 2
- 水 … 200ml

サラダ油 … 大さじ1

Column
脆瓜 は台湾で定番の缶入りのきゅうりの醤油漬け。
日本で買える市販品の醤油漬けも比較的近い味なので代用できる。

作り方

1) きゅうりの漬物は刻み、漬け汁は取っておく。

2) 中華鍋（フライパン）にサラダ油を熱してにんにくを
炒め、香りがしてきたら豚ひき肉を入れて炒める。

3) 2の肉の色が変わったら、米酒、きゅうりの漬物を入
れ、強火にして香りが出るまで炒め、A を入れて弱火
にし、とろみがつくまで煮詰める。仕上げに万能ねぎ
や赤唐辛子（ともに小口切り）を入れる。

4) 器にごはんを盛り、3を適量のせてできあがり。
好みで香菜を添えていただく。

雞腿飯

ジートゥイファン

Jī tuǐ fàn

鶏もも肉丼

日本の駅弁がルーツだという台湾の台鐵便當（タイティエビエンダン）。
茶色のおかずがぎゅっと詰まったお弁当はどこか懐かしさが漂う。

材料2人分

ご飯 … 茶碗2杯分

鶏もも骨付き肉（小さめ）
… 2本（1本約200g）

A
- 台湾醤油 … 大さじ2
- 塩 … 小さじ1/2
- 砂糖 … 小さじ1
- 米酒 … 大さじ1
- 白胡椒 … 適量
- 五香粉 … 少々
- 片栗粉 … 大さじ1

揚げ油 … 適量

作り方

1）鶏肉は、骨に沿って切れ目を入れ、Aで下味をつけて2時間以上浸けておく。

2）1の鶏肉を油でじっくり素揚げする。

3）2の肉に中まで火が通ったら油を切る。

4）器にご飯を盛り、好みで煮卵や茹でた青梗菜を敷き、3の肉をのせてできあがり。

さつまいものお粥

このシンプルな粥はこのまま食べるほかに
さまざまなおかずとともに食べられる。

材料2 〜 3人分
さつまいも … 1/2本
米（インディカ米）… 1/2カップ
水 … 5 〜 6カップ
塩 … 少々

作り方

1 米は洗っておく。さつまいもは皮をむいて
食べやすい大きさに切る。

2 鍋に **1** の米とさつまいも、水を入れて火にかける。
沸騰したら弱火にし、30分煮る。

3 米が粥状になったら火を止め、
塩を加えてできあがり。

Column
「地瓜＝さつまいも」は台湾では健康食材として知られてい
る。さつまいもを使った料理やスイーツも多い。また地瓜の葉
も炒めものなどではポピュラーな食材だ。

ディグアジョウ
地 瓜 粥

Dì guā zhōu

緑豆のお粥

緑豆粥は元々軍人さんの朝ごはんだったとか。
砂糖を入れて甘くして食べることも。

材料2 ~ 3人分

緑豆 … 40g　　　　　　　　水 … 1ℓ
米 (インディカ米) … 1/2合

作り方

1) 米は洗っておく。緑豆は水で洗って
   ボウルに入れ20分程度浸水させる。

2) 鍋に 1 と水を入れて火にかけ、沸騰したら
   弱火にして30 ~ 40分煮る。

3) 緑豆が柔らかくなったら火を止め、
   15 ~ 20分おく。

4) 米が粥状になっていたらできあがり。
   そのまま食べるか、好みで塩 (少々)、
   または砂糖 (大さじ2) を入れていただく。

Column
「清粥」、「稀飯」とも呼ばれるお粥は、具が少ない
お粥を指す。今は定番のお粥も、かつては貧しさの
中で、食べられていたものだった。

リュドウジョウ
緑 豆 粥

Lù dòu zhōu

高 麗 菜 鹹 飯

（ガオリィツァイシエンファン）

キャベツの炊き込みごはん

しっかり味の染みたごはんは、台湾人にとって昔ながらの美味しさ。
スペアリブのスープを添えるのが定番の定食スタイル。

材料3〜4人分

米（またはもち米）… 2カップ
水 … 2カップ
豚バラ肉（細切り）… 約100g
※ひき肉で代用可
キャベツ（ざく切り）… 1/4個（200g）

にんじん（千切り）… 1/2本
干ししいたけ（水で戻す・薄切り）… 3枚
※しいたけで代用可

干しえび … 大さじ1
油葱酥 … 少々
油（サラダ油やラード）… 大さじ1

A
┌ 台湾醤油 … 大さじ2
│ ※オイスターソースで代用可
│ 塩 … 小さじ1/3
└ 白胡椒 … 適量

作り方

1. フライパンに油を熱し豚肉を炒め、干ししいたけ、干しえび、油葱酥を入れ、香りが出るまで炒める。

2. 1にキャベツ、にんじんを入れて炒め、Aを加える。

3. キャベツとにんじんが少ししんなりしてきたら米を入れ、油が全体になじむまで炒める。

4. 3を炊飯器の内釜に入れ、分量の水を入れて炊く。

5. 炊き上がったら混ぜ、器に盛ってできあがり。

Column

鹹飯とは、もともとは福建省南部の伝統的な軽食で、タロイモで作る芋頭鹹飯や南瓜鹹飯（かぼちゃ）、蘿蔔鹹飯（だいこん）、芥菜鹹飯（高菜の仲間）、五花肉鹹飯（豚バラ肉）などさまざまな種類がある。

蝦捲飯

シアジュエンファン

Xiā juǎn fàn

えびのすり身揚げ丼

外がカリッ，中がフワッの台湾版えびフライ!? ごはんの上にのせた付け合わせとの相性を楽しんで。

材料2 〜 3人分

ごはん … 茶碗2 〜 3杯分

えび（むき身）… 150g
豚ひき肉 … 50g
魚のすり身またははんぺん
… 30g
玉ねぎ（みじん切り）
… 大さじ1
しょうが（みじん切り）
… 大さじ1
ねぎ（みじん切り）… 10g
セロリ（みじん切り）
… 大さじ1
にんじん（みじん切り）
… 大さじ1

板湯葉（12×15cm）… 6 〜 9枚

A
| 塩 … 小さじ1
| 砂糖 … 小さじ1/2
| 白胡椒 … 適量
| 米酒 … 大さじ1
| 片栗粉 … 大さじ1
| ごま油 … 小さじ1

（糊）
片栗粉 … 大さじ2
卵白 … 1個分

揚げ油… 適量

作り方

1 板湯葉は濡れ布巾で挟んで戻しておく。えびは洗って水気を切り包丁で叩く。すり身も包丁で叩いてペースト状にする。糊の材料を混ぜ合わせておく。

2 ボウルに**1**のえびとすり身、豚ひき肉、玉ねぎ、しょうが、ねぎ、セロリ、にんじん、**A**を入れ、粘りが出るまで混ぜる。

3 **1**の戻した板湯葉は、1枚ごとに表面に**1**の糊を塗り、**2**の餡を巻き、春巻きと同じ要領で巻いて端を糊で留める。

4 鍋に油を入れ、**3**を150℃で揚げる。さらに180℃まで温度を上げ、キツネ色になるまで揚げる。

5 器にごはんを盛り、好みで泡菜や茹でた青梗菜を敷き、**4**をのせてできあがり。

Column
えびのすり身揚げは、本場台南では豚の網脂を使う。
現地の板湯葉は、豆腐皮（中国）、
豆皮（台湾）と呼ばれ、円形のものも多い。

豆干炒肉絲飯

ドゥガンチャオロウスーファン

Dòu gān chǎo ròu sī fàn

干し豆腐と豚肉の細切り炒め丼

豆干は豆腐の水分を抜いたもので台湾では一般的な食材。
青椒肉絲（チンジャオロウスー）の干し豆腐版といったところ。

材料2 〜 3人分

ごはん … 茶碗2 〜 3杯分
豚バラ肉 … 150 〜 200g

A
- 台湾醤油 … 大さじ1
- 米酒 … 大さじ1
- 片栗粉… 小さじ2

豆干（プレーンまたは五香粉味）
… 2個（1個約50g）
※厚揚げで代用可
赤唐辛子（斜め切り）… 1本
ピーマン（細切り）… 1個
にんにく（みじん切り）… 小さじ1
サラダ油 … 大さじ1

B
- 台湾醤油 … 大さじ1/2
- オイスターソース … 小さじ1
- 砂糖 … 小さじ1
- 白胡椒 … 少々
- ごま油 … 小さじ1
- 水 … 大さじ1 〜 2

作り方

1） 豚肉を細切りにしA を加えて混ぜる。
豆干は茹でて細切りにする。

2） フライパンにサラダ油を熱し、
1の豚肉を炒め、肉の色が変わったら
豆干を入れてさらに炒める。

3） 2に赤唐辛子、ピーマン、
にんにくを入れ、香りがしてきたら、
B を入れて炒め、
なじんだら火を止める。

4） 器にご飯を盛り、
3をのせてできあがり。

麻油雞飯

マーヨウジーファン

Má yóu jī fàn

P. 046

黒ごま油炒めの鶏肉ごはん

麻油雞は台湾の冬のスープで夜市でも家庭でもおなじみ。
このスープで炊き込んだごはんは、しょうがと米酒が体を温めてくれる台湾のパワーフード。

材料2 ～ 3人分

（スープ）
鶏骨付き肉（手羽元や水炊き用など）… 400g
しょうが（薄切り）… 1/2個
黒ごま油 … 大さじ2
米酒 … 500ml
水 … 300ml
塩 … 少々

（ご飯）
タイ米 … 2合
スープ … 米と同量より気持ち少なめに
塩 … 適量
ほぐした鶏肉 … 150 ～ 200g
※スープを取った鶏肉を使用

作り方

1) フライパンに黒ごま油、しょうがを入れ黄金色に
なるまでよく炒める。香ばしい香りがしてきたら、
鶏肉を入れてさっと炒める。

2) 鍋に1と米酒、水を入れ、
沸騰したら弱火にして40分煮込む。

3) 2の鶏肉がほぐれるくらい柔らかくなったら、
塩を加えて火を止め、肉を取り出しほぐす。

4) 米は洗って水気を切り、炊飯器にご飯の材料を入れ、
炊いてできあがり。好みでクコの実（水で戻す）を
散らしていただく。

肉味噌レタス包みごはん

甜麺醤風味の肉味噌をごはんとともにレタスで包んで。
甘辛の肉味噌とみずみずしいレタスとのコンビネーション。

材料2人分

ごはん… 茶碗2杯分
豚ひき肉 … 200g
玉ねぎ (みじん切り) … 1/2個
にんじん (冷凍)、
グリーンピース (冷凍)
… 合わせて1+1/2カップ

A
┌ 醤油 … 大さじ1
│ 甜麺醤 … 大さじ1/2
│ 水 … 大さじ1/2
│ 酒 … 大さじ1/2
│ 砂糖 … 大さじ1/2
└ ごま油 … 小さじ1
レタス … 2枚

作り方

1) フライパンにサラダ油 (分量外) を熱し、
玉ねぎを炒める。

2) 玉ねぎがしんなりしたら、豚ひき肉を入れて炒める。
肉に火が通ったら、Aを入れる。

3) 2ににんじんとグリーンピースを加え、
全体に混ぜ合わせる。

4) 器にレタスを敷き、ごはんを盛り3をのせてできあがり。

Column

「生菜鴿鬆 (ションツァイガーソン)」がルーツの料理で、台湾や香港では
甘辛な味付けに変化した。生菜包 (レタス包み) は、中華の定番。

ション ツァイ バオ ロウ ソン ファン
生 菜 包 肉 鬆 飯

Shēn cái bāo ròu sōng fàn

揚げねぎごはん

みんな大好き、香ばしい揚げねぎと油を混ぜた
禁断の混ぜごはん。小吃食堂の主役級の隠れた名脇役。

材料1人分

自家製油葱酥 … 大さじ2 　　ごはん … 茶碗1杯分
※材料は下記コラム参照　　醤油膏 … 適量

作り方

1 ）油葱酥を作る。フライパンにラードを熱し、赤わけぎ
　　を入れ、うっすら色づくまで揚げたら油を切っておく
　　（揚げ油も取っておく）。

2 ）器にご飯を盛り、1 を大さじ2ほどのせる。熱いうち
　　に揚げ油と醤油膏を回しかけ、よく混ぜ合わせてい
　　ただく。　※市販の油葱酥（またはフライドオニオ
　　ン）を使う場合は、ラードをフライパンで熱して溶か
　　し混ぜ合わせる。

Column

自家製油葱酥の材料（作りやすい分量）
紅葱頭（薄切り）…5 〜 6個
※紅葱頭は台湾産赤わけぎ。タイ産のホームデーンなどで代用可
ラードまたは菜種油…大さじ3 〜 4

ヨウツォンバンファン

油葱拌飯

Yóu cōng bàn fàn

麺

MIAN

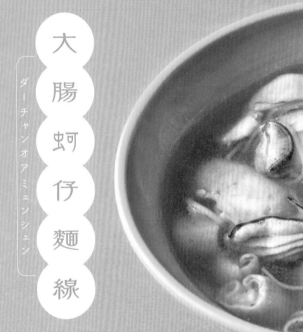

大腸蚵仔麵線

ダーチャンオアミェンシェン

Dà cháng kē zai miàn xiàn

P. 052

モツと牡蠣のとろみそうめん

二大定番、モツと牡蠣を一緒にトッピングした綜合 (ゾンハー) 麺線。
そうめんより細い麺線にとろっとしたスープがからむ。

材料2 ～ 3人分

麺線 … 100 ～ 150g　※そうめんで代用可

豚のモツ (茹でてある市販品) … 70g
牡蠣 (むき身) … 100g

（スープ）
カツオだし … 1ℓ
台湾醤油 … 大さじ2　※だし醤油で代用可
塩 … 小さじ1
砂糖 … 小さじ1
白胡椒 … 適量

水溶き片栗粉
　… 片栗粉大さじ1を水大さじ2で溶く
黒酢 … 小さじ1
香油 … 小さじ1 (P101参照)

香菜 … 適量

作り方

1 牡蠣は塩 (分量外) をまぶしてもみ洗いし、
水ですすいで汚れを取り、さっと茹でておく。

2 モツは、何度か水を替えて茹でこぼし、
臭みが消えたら食べやすい大きさに切る。

3 麺線は茹でておく。

4 鍋にスープの材料を入れて温め、沸騰したら**2**のモツと
3の麺線を入れ5 ～6分煮て、**1**の牡蠣を加える。

5 **4**に水溶き片栗粉でとろみをつけたら、仕上げに黒酢と
香油をかける。器に盛り、香菜を添えてできあがり。

Column

カツオだしはかなり濃いめに取り、食べるときに箸ではな
くレンゲを使うのが現地流。麺線には白と茶色のタイプ
がある。中華食材店などで購入できる。

肉骨茶麺
ロウグーチャーミェン

Ròu gǔ chá miàn

P. 054

バクテー麺

もとは東南アジアの華僑の労働者が食べていた料理。
インスタント麺も販売されている。

材料2 ～ 3人分

中華麺 (細麺) … 1 ～ 2袋

(スープ)
スペアリブ … 400~500g
にんにく … 丸ごと1個
しょうが (薄切り) … 3枚
水 … 1 ～ 1.2ℓ

A
白胡椒 (または黒胡椒・ホール) … 大さじ1
ナツメ‥… 3個
八角 … 1/2個
桂皮 … 1枚
陳皮 … 1かけ
玉竹 (アマドコロ) … 大さじ1
クコの実 … 小さじ1
※右記コラムのような市販品で代用可

B
塩 … 小さじ1
砂糖 … 小さじ1/2
醤油 … 大さじ1/2 ～大さじ1

作り方

1) スペアリブは、沸騰した湯に入れて茹でこぼしたら
湯を切って汚れを洗い落とす。

2) フライパンににんにくを皮ごと入れ、
表面が茶色くなるまで乾煎りする。

3) 鍋に1と2、しょうがとAと水を入れ、
沸騰したら弱火で40分煮る。

4) 肉が柔らかくなったらBで味つけし、好みで挽いた白
胡椒または黒胡椒 (分量外) で味をととのえる。

5) 中華麺を茹でて器に入れ、
4のスープを注いでできあがり。

Column
肉骨スープ用の漢方がブレンドされたものも販売されているので便利。中華食材店や輸入食材店で購入できる。

肉そぼろ麺

味が染みた肉そぼろでシンプルにいただく小どんぶり麺。
インスタント麺もよく見かける。

材料2〜3人分

半田麺（または中華麺）… 1〜2
束
豚ひき肉 … 300g
水 … 300〜400ml
ひき肉のスープ
… 600〜900ml（P11参照）
塩 … 小さじ1/2
砂糖 … 小さじ1/2
白胡椒 … 少々

A
醤油膏 … 50ml
台湾醤油 … 50ml
塩 … 小さじ1
米酒 … 大さじ2
白胡椒 … 小さじ1/2
氷砂糖 … 大さじ1
油葱酥 … 大さじ2
五香粉 … 小さじ1/2

作り方

1) 鍋に豚ひき肉を入れて炒め、
肉の色が変わったら、Aを入れてさっと炒める。

2) 1に水を入れ、沸騰したら弱火で15〜20分煮る。

3) 別の鍋にスープを入れ、
沸騰したら塩、砂糖、白胡椒で味つけする。

3) 麺を茹でて器に盛り、2をのせ、3を注いでできあがり。
好みで茹でた青梗菜や花椒醤を添えていただく。

もやしスープ麺

台湾の小吃の原型で台湾北部が発祥とされる。
台南名物のえびとそぼろがのった
擔仔麺（ダンズーミェン）も同類。

材料2〜3人分

中華麺 … 1〜2玉

もやし（湯がく）… 50g
ニラ（3〜4cmに切る）… 4本
油葱酥 … 大さじ1

ひき肉のスープ … 800ml（P11参照）

A ┌ 塩 … 小さじ1
  │ 白胡椒 … 小さじ1
  └ ごま油 … 小さじ1

作り方

1) 鍋にスープを入れ、沸騰したら**A**を入れる。

2) 麺を茹で、器に盛る。

3) 1にもやしとニラ、油葱酥を入れ、
    2に注いでできあがり。

切 仔 麺

qie zi miàn

榨菜肉絲湯麵

ジャーツァイロウスータンミェン

Zhà cài ròu sī tāng miàn

ミェン
麺
MIAN

ザーサイと豚肉の細切り炒め麺

炒めた具をのせて仕上げる代表的麺料理。
ザーサイと豚肉の相性がバッチリ。雪菜バージョンもある。

材料2 ～ 3人分

中華麺 … 2玉
豚もも肉または
肩ロース肉 (細切り)
… 100 ～ 150g

(下味)
塩 … 少々
台湾醤油または
オイスターソース
… 小さじ1
酒 … 大さじ1
片栗粉 ‥ 小さじ1

唐辛子 … 1本
ザーサイ (細切り・塩抜きする) … 50g
万能ねぎ (3 ～ 4cmに切る) … 4本
小松菜 (3 ～ 4cmに切る) … 1束

A「台湾醤油 … 小さじ2
　砂糖 … 小さじ1
　白胡椒 … 適量

サラダ油 … 適量
ひき肉のスープ
… 600 ～ 800ml (P11参照)
塩または醤油 … 少々

作り方

1) ボウルに豚肉を入れ、下味をつける。

2) フライパンにサラダ油と唐辛子を入れ
火にかけて1を炒める。
肉の色が変わったら、ザーサイ、
万能ねぎ、小松菜を入れて炒め、
Aを入れてさっと炒め合わせる。

3) 鍋にスープを入れ、沸騰したら
塩または醤油で味をととのえる。

4) 麺を茹でて器に盛り、2をのせ、
3のスープを注いでできあがり。

陽春麺

〔ヤンチュンミェン〕

かけうどん

陽春麺は、大陸から伝わった具のない「かけそば」的な存在。
汁ありと、青菜をあえた汁なしバージョンがある。

材料2人分

汁あり［湯麺タンミェン］
陽春麺 … 160g
豚肩ロース肉（かたまり・
5mm幅の薄切り）… 100g
ニラ … 適量
ひき肉のスープ … 600 ～ 800ml（P11参照）

A
台湾醤油 … 大さじ1
塩 … 小さじ1/2
砂糖 … 小さじ1
白胡椒 … 少々

汁なし［乾麺チェンミェン］
陽春麺 … 160g
青梗菜（茹でる）… 適量
タレ … 醤油膏大さじ3と
甜辣醤小さじ2を混ぜておく

作り方［湯麺］

1） 豚肉は茹でて火が通ったら取り出しておく。
鍋にスープを入れ、沸騰したら A を入れる。

2） 麺を茹でて器に盛り、肉2 ～ 3枚とニラをのせ、
スープを注いでできあがり。

作り方［乾麺］

1） 器にタレを入れ、茹でて湯切りした麺と
青梗菜を入れ、あえていただく。

Column
どちらも安い庶民の味方。半田麺で代用可能。

Chǎo miàn

ミェン
麺
MIAN

台湾式汁焼きそば

焼きそばだけど汁あり！
仕上げに烏酢をかければ台湾の味。

材料2〜3人分

中華蒸し麺 (ほぐす) … 2玉
豚肉 (細切り) … 50g
にんじん (細切り) … 1/3本
玉ねぎ (薄切り) … 1/3個
万能ねぎ (4cmに切る) … 6本
水 … 200ml
烏酢 … 大さじ1
サラダ油 … 大さじ1

A ┌ 台湾醤油 … 大さじ1〜2
  │ 沙茶醤 … 小さじ1
  │ 塩 … 小さじ1/2
  └ 白胡椒 … 適量

作り方

1) フライパンにサラダ油を熱し、豚肉を炒め、
    肉の色が変わったら野菜も入れてさらに炒める。

2) **1** に水と**A**を入れ、沸騰したら麺を入れ、
    フタをして1分強、蒸し焼きにする。

3) 仕上げに烏酢を回しかけ、炒め合わせたらできあがり。

Column

烏酢 (台湾版ウスターソース) は、黒酢とウスターソースを合わせたようなクセになる味。原材料
に柑橘果汁やケチャップなどが使われており、甘酸っぱい風味であんかけ料理との相性も良い。

Xián mǐ tái mù

P. 064

太ビーフンスープ

台湾では麺料理のほかにスイーツにも使われる。
客家風にしいたけのだしをきかせて。

材料2～3人分

米苔目 … 200g
※太めの米麺で代用可

しいたけ（薄切り）… 3個
豚肉（細切り）… 100g
セロリ（薄切り）… 1/4本
にんじん（千切り）… 1/4本
ニラ（ざく切り）… 40g
サラダ油 … 大さじ1

A
塩 … 小さじ1
台湾醤油 … 大さじ1
白胡椒 … 小さじ1/2
チキンスープ（または水）
… 1～1.2ℓ

作り方

1）米麺は水に浸けておき（1時間以上）、柔らかくなった
ら、沸騰した湯で5分茹でて水気を切る。

2）鍋にサラダ油を入れ、セロリ、しいたけを炒める。
香りが立ってきたら豚肉を入れ、豚肉に火が通っ
たらにんじんを入れてさっと炒める。

3）2にAを入れ、沸騰したら1の米麺を加えて煮る。

4）米麺が柔らかくなったら、ニラを加えてできあがり。

Column

米苔目は太い米麺で台湾人の好きなQQ（弾力）のある食感
が特徴。日本では入手しづらいので、ここでは太くて弾力のある
ベトナムの米麺（ブン・ボー・フエ）で代用した。

紅燒牛肉麵

ホンシャオニュウロウミェン

Hóng shāo niú ròu miàn

P. 066

ピリ辛牛肉麺

紅燒は醤油風味のこと。
肉が柔らかくなるまで根気よく煮込んで。

材料2〜3人分

牛バラかたまり肉
(すね、バラ、シチュー用など) … 500g
トマト (大・乱切り) … 2個
しょうが (薄切り) … 1/2個
長ねぎ (3等分に切る) … 1本
にんにく … 2かけ
水 … 1ℓ
うどん (中太・生麺) … 1人前100〜150g

A
醤油 … 大さじ5
砂糖 … 大さじ2
豆板醤 … 小さじ1〜2 (好みで加減する)
麻辣醤 … 小さじ1 (なくても可)
米酒または紹興酒 … 大さじ2
八角 … 1個

作り方

1) 牛肉は2cmくらいの厚さに切って塩 (分量外) を振る。

2) フライパンに油 (分量外) を熱し、しょうが、にんにく、長ねぎを炒め、香りが立ってきたら1の肉を入れて焼く。

3) 肉に焼き色がついたら、トマトを入れて炒め、トマトが少し煮崩れたら、Aを入れる。

4) 3がひと煮立ちして香りが出てきたら、鍋に移し替えて水を入れ、沸騰したら弱火で90分煮る。

5) 4の肉が柔らかくなったら火を止める。うどんを茹でて器に盛り、スープを注いでできあがり。好みで高菜炒め、茹でた青梗菜、香菜を添えていただく。

Column

台湾にはいくつかの牛肉麺がある。濃いめの味が特徴の紅燒のほかに、あっさりスープの清燉 (チンドゥン)、さらにとろみの有無など店によっても違う。食べ比べもおもしろい。

魯麺
ルーミェン

Lǔ miàn

五目とろみ麺

数種類の野菜を入れて作るあんかけスープ麺。
家庭でも作られる素朴で風味豊かなお母さんの味。

材料2 ～ 3人分

中華麺 … 2玉
ひき肉のスープ … 800ml ～ 1ℓ (P11参照)
水溶き片栗粉 … 片栗粉大さじ2を水大さじ3で溶く

(具)
豚肉 (薄切り) … 100 ～ 150g
えび … 4 ～ 6尾
ニラ (4cmに切る) … 4 ～ 6本
白菜 (ざく切り) … 2枚
大根 (いちょう切り) … 1cm分
好みのつみれ … 2 ～ 3個
サラダ油 … 大さじ1

A
台湾醤油 … 大さじ1
塩 … 小さじ1
砂糖 … 小さじ1/2
白胡椒 … 少々

作り方

1) 鍋にサラダ油を熱し、豚肉を炒め、肉の色が
変わったら、えびと野菜類を入れて炒める。

2) 1にスープを注ぎ、沸騰したらつみれを入れ、
Aで味つけをする。

3) 2に水溶き片栗粉を入れ、とろみをつける。

4) 麺を茹でて器に盛り、3を注ぎ、
好みで香菜を添えてできあがり。

排骨酥麺
（パイグースーミェン）

豚軟骨揚げ麺

屋台では麺のありなしが選べる。
豚軟骨の香ばしさがなんともいえないおいしさ。

材料2 〜 3人分

豚軟骨 (またはスペアリブ) … 300 〜 350g
中華麺 (太麺) … 2食分

A
┌ 台湾醤油 … 大さじ2
│ 米酒 … 大さじ2
│ 五香粉 … 小さじ1/2 (好みで加える)
└ 卵 … 1個 (なくても可)

地瓜粉 (または片栗粉) … 大さじ2 〜 3
揚げ油 … 適量
大根 (ひと口大に切る) … 200g
ひき肉のスープまたは水 … 700 〜 800ml (P11参照)
塩 … 小さじ1/2
砂糖 … 小さじ1
台湾醤油 (または醤油) … 大さじ1 〜 2
香菜、セロリ、油葱酥 … 各適量

作り方

1) ボウルに豚軟骨と**A**を入れてよく混ぜ、
肉に味を染み込ませる。

2) **1**がなじんだら地瓜粉をまぶす。揚げ油を
中火で熱し、濃いめの茶色になるまで揚げる。

3) 鍋に**2**と大根とスープ、塩、砂糖、台湾醤油を
入れて30分程度煮る。

4) 麺を茹でて器に盛り、**3**を注ぎ、
香菜とセロリ、油葱酥をのせてできあがり。

白菜粉絲湯
バイツァイフェンスタン

Bái cài fěn sī tāng

白菜と春雨のスープ麺

春雨も立派な麺料理。
白菜と湯葉で一気に台湾の雰囲気に。

材料2 〜 3人分

春雨 … 40g
白菜 (2cm幅に切る) … 200g
板湯葉 (15×18cm) … 2 〜 3枚
干しえび… 大さじ1/2

ひき肉のスープ … 800ml (P11参照)
※チキンスープで代用可

A
塩 … 小さじ1
砂糖 … 小さじ1/2
白胡椒 … 少々
香油 … 小さじ1 (P101参照)

作り方

1) 春雨は水に浸け、柔らかくなったら
半分の長さに切る。湯葉はちぎっておく。

2) 鍋にスープを入れ、沸騰したら白菜と干しえびを
入れて煮る。

3) 白菜が柔らかくなったら、Aと1を入れ、
ひと煮立ちしたらできあがり。

Column

台湾でも白菜は身近な野菜。漬物を始め、煮たり炒めたりと調理法もさまざま。
現地の白菜は小ぶりで日本の白菜とは別の種類。「粉絲」または「冬粉」は春雨のこと。

ごまダレあえ麺

涼麺で使われる中華麺は、昔は高価で手に入りにくかったため、
うどんに似た細麺を使っていたこともあるそう。

材料2 ～ 3人分

中華麺 (または半田麺) … 2食分
きゅうり (千切り) … 1本
ピーナッツ (砕く) … 大さじ1/2
芝麻醤 … 大さじ3 ～ 4
※ねりごまやピーナッツ醤で代用可
花椒醤 … 小さじ2 (好みで加減する)

A

台湾醤油 … 大さじ3
醤油膏 … 大さじ1
砂糖 … 大さじ1
黒酢 … 大さじ1
酢 … 大さじ1
水 … 大さじ2

作り方

1 ボウルに芝麻醤と**A**を入れてよく混ぜ、
混ざったら、花椒醤を加える。

2 麺を茹でて水で洗い、水気を切って
サラダ油少々 (分量外) を混ぜておく。

3 **2**を器に盛り、**1**のタレをかけ、きゅうりとピーナッツ
をのせ、あえていただく。

Column

台湾の一般的な麺は細麺と呼ばれ、決まった呼び方がないことが多い。

麻 醬 辣 油 涼 麺
マーヂャンラーヨウリャンミェン

à yóu liáng miàn

あえイーメン

パスタのようにもちっとしてツルツルな麺。

材料1人分

意麺 … 1玉
※刀削麺か半田麺
　（1/2 ～ 1食分）で代用可
万能ねぎ（小口切り） … 2本

（タレ）
醤油膏 … 大さじ1
沙茶醤 … 小さじ2
辣椒醤 … 小さじ1
ごま油 … 大さじ1
油葱酥 … 大さじ1/2

作り方

1　ボウルにタレの材料を混ぜる。

2　意麺を茹でる。

3　器に **1** のタレを入れ、湯切りした **2** と
　　万能ねぎを入れ、混ぜてできあがり。

Column
台南発祥の、元祖インスタント麺といわれる、
アヒルの卵で練って天日干しにした麺。

Qián yì miàn

P. 075

沙茶炒米粉
シャーチャーチャオミーフェン

Shā chá chǎo mǐ fěn

P. 076

焼きビーフン

台湾の人が大好きな沙茶醤風味の焼きビーフン。台湾ビールに合わせたい。

材料2 〜 3人分

ビーフン（水で戻しておく）… 100g
豚肉（細切り）… 100g
（下味）
醤油 … 大さじ1
酒 … 大さじ1
ごま油 … 小さじ1

（具）
しょうが（千切り）… 1かけ
干しえび … 大さじ1/2
しいたけ（千切り）… 2個
にんじん（千切り）… 1/3本
九条ねぎ（4cmに切る）… 1本

A
塩 … 小さじ1/2 〜 1
砂糖 … 小さじ1/4
白胡椒 … 小さじ1/2
沙茶醤 … 大さじ2
水 … 150ml

サラダ油 … 大さじ1

作り方

1) 戻したビーフンの水を切り適当な長さに切る。

2) 豚肉に下味をつける。

3) フライパンにサラダ油を熱し、2の豚肉を炒める。肉に火が通ったら具の材料を入れてさっと炒める。

4) 3にビーフンとAを入れ、フタをして強火で3分加熱する。

5) ビーフンが水分を吸ったら、器に盛ってできあがり。

Column
麺は水で戻してから蒸し焼きにするので、切れにくい。

米粉湯

台湾風汁ビーフン

伝統的な汁ビーフン。
ビーフンとスープだけの究極のシンプル麺。

材料2 ～ 3人分

ビーフン (水で戻しておく) …100g
ひき肉のスープ‥1ℓ (P11参照)

A
塩…小さじ1
白胡椒…適量
ごま油…少々

セロリ (みじん切り) …大さじ2
香菜 (刻む) …適量
油葱酥…適量

作り方

1) 鍋にスープを入れて温め、**A**で味つけする。

2) ビーフンをさっと茹でて器に盛り、**1**のスープ、
セロリ、香菜、油葱酥を散らしてできあがり。
好みで茹でた青梗菜を添えていただく。

Column

新竹はビーフンの名産地。新竹で食べた米100%のビーフン
は、繊細な細さと柔らかさで、地元ならではの味わい。

Juàn cūn zhá jiàng miàn

肉味噌あえ麺

もともとは中国北部、湖北、山東省の麺料理。台湾では甘辛い味つけが特徴。

材料2〜3人分

半田麺 … 1〜2束

豚ひき肉 … 200g

豆干 (小さく刻む) … 1〜2枚 (50〜100g)
　※厚揚げで代用可
長ねぎ (白い部分・みじん切り) … 1本
にんにく (みじん切り) … 小さじ1
サラダ油 … 大さじ1

A
　台湾醤油 … 大さじ2
　甜麺醤 … 大さじ1〜2
　豆板醤 … 小さじ2 (好みで加減する)
　砂糖 … 大さじ1
　米酒 … 大さじ1
　白胡椒 … 適量

水 … 200ml
水溶き片栗粉‥片栗粉大さじ1/2を
　　　　　　　水大さじ1で溶く
きゅうり (千切り)) … 1本

作り方

1) 鍋にサラダ油を熱し、にんにくと長ねぎを炒めて香りが
立ってきたら豚ひき肉を加え、色が変わるまで炒める。

2) 1に豆干を入れて炒め、Aと水を入れ、弱火で煮る。

3) 2が少し煮詰まったら水溶き片栗粉を加え、
とろみをつける。

4) 麺を茹でて器に盛り、3をかけ、
きゅうりを添えてできあがり。

Column

眷村とは、戦時下に大陸から台湾各地に移住した、多くの軍人とその家
族の集落のこと。彼らが作る故郷の料理を眷村菜と呼ぶ。このあえ麺は
物資不足の時代、手元にあった食材を使って作られていたという。

TANG

湯

TANG

玉米湯
ユイミータン

Yù mǐ tāng

台湾式コーンスープ

砂糖を加えて甘めに仕上げたコーンスープは、どこか懐かしい味わい。
餃子とのペアリングも定番。

材料2 〜 3人分

市販のクリームコーン (粒入り) … 400g
水 (またはチキンスープ) … 250~300ml
玉ねぎ (みじん切り) … 1/4個
ハム (みじん切り) … 2 〜 3枚
サラダ油 … 大さじ1

A ┌ 塩 … 小さじ1
　├ 砂糖 … 小さじ1 〜 2
　└ 胡椒 … 少々

水溶き片栗粉
… 片栗粉大さじ1を 水大さじ2で溶く
溶き卵 … 1個分

作り方

1) 鍋にサラダ油を熱し、玉ねぎとハムを炒める。

2) 1の玉ねぎが透明になったら、分量の水を入れる。

3) 2が沸騰したらクリームコーンとAを入れる。

4) 3が温まったら、水溶き片栗粉を
少しずつ入れてとろみをつける。

5) とろみがついたら、スープが沸いているところを
狙って溶き卵を細長くたらす。
軽く混ぜ、火が通ったらできあがり。
好みでパセリのみじん切りを散らしていただく。

Huā zhī wán tāng

イカのつみれスープ

「花枝＝イカ」のつみれは、麺の具になったり炒めものになったり。
花枝はイカの種類でコウイカ（スミイカ）を指す。

材料2 ～ 3人分（つみれ8 ～ 9個分）

イカ（冷凍） … 200g
豚ひき肉 … 50g

A
┌ 塩 … 小さじ1/2
│ 砂糖 … 小さじ1
│ 白胡椒… 少々
│ 卵白 … 1/2個分
│ 片栗粉 … 大さじ2 ～ 3
└ ごま油 … 小さじ1

（スープ）
ひき肉のスープ … 800 ml（P11参照）

B
┌ 塩 … 小さじ1/2
│ 魚醤 … 小さじ1/2
└ 白胡椒 … 少々

セロリの葉と茎（みじん切り） … 適量

作り方

1） フードプロセッサーに凍ったままのイカと豚ひき肉、
Aを入れ、白っぽいペースト状になるまで攪拌する。

2） 鍋に湯を沸かし、手に水をつけて**1**を握り、親指と人差し
指の間から肉を絞り出して鍋に入れて茹でる。

3） **2**のつみれが浮いてから、
さらに5分くらい茹でて取り出す。

4） 別の鍋にスープと**B**を温め、**3**のつみれを入れて
5分煮る。器に盛ってセロリを散らしてできあがり。

Column
素揚げした揚げイカ団子、「炸花枝丸（ジャーホアジーワン）」も
台湾で人気の食べ方。

蚵仔湯

オアタン

Kē zaǐ tōng

牡蠣のスープ

シンプルな牡蠣の旨味を味わえるスープ。
台湾の牡蠣は日本のものより小ぶりで一年中食べられる。

材料2 〜 3人分

牡蠣 (むき身) … 150 〜 200g

しょうが (千切り) … 1/3個
長ねぎ (白い部分・千切り) … 1/2本
水 … 600 〜 800ml

塩 … 小さじ1/3

作り方

1） 牡蠣は塩 (分量外) を振ってもみ洗いし、
水ですすいで汚れを取る。

2） 1をさっと茹でる。

3） 鍋に分量の水を入れ、沸騰したら、長ねぎ、しょうが、
塩を入れる。2の牡蠣を入れたら、さっと煮て
できあがり。好みでごま油をたらしていただく。

Column

牡蠣は台湾中部の彰化や嘉義が名産。嘉義の
名物料理である雞肉飯 (P32) も、地元では蚵仔
湯と一緒に食べるのが定番。ほかにも麺線
(P52) やオムレツの具にしたりと、台湾でも牡蠣
は人気の食材。

四神湯

Sì shén tāng

モツの薬膳スープ

四つの漢方食材が入った薬膳スープ。疲労回復、食欲不振、滋養強壮によいとされ、
台湾人の元気の源。屋台や専門店で気軽に飲める庶民の味方。

材料2 〜 3人分

モツ（豚の小腸）
… 200g（茹でてある市販品）
スペアリブ … 400g

A
蓮子（蓮の実）… 50g
薏苡仁（ハトムギ）… 30g
茯苓（キノコ）… 10g
淮山片（乾燥山芋）… 10g
※下記コラムのような市販品で代用可

B
米酒 … 2カップ
塩 … 小さじ1
水 … 1.2ℓ

作り方

1) モツは、何度か水を替えながら茹でこぼし、臭みが取れたら食べやすい大きさに切る。スペアリブも1回茹でこぼす。

2) 1を耐熱容器に入れ、Aとかぶるくらいの水（分量外）を入れ、蒸し器で1時間蒸す。

3) 鍋に2とBを入れ、30分煮たらできあがり。

Column

店ではテーブルに置いてある当帰酒（ダングイジュウ）を振りかけて飲むことも（当帰には補血の働きがあり、女性によいとされている）。
中華食材店などでは、四神湯の食材がブレンドされたものも販売されているので便利。

豆もやしとトマトのスープ

戦後台湾に渡った軍人家族の故郷の味である
中国各地の料理は、やがて台湾特有の食文化として残った。
このスープもそんな料理のひとつ。

材料2 ～ 3人分

トマト … 2個
豆もやし（または豆苗）… 100g
しょうが（千切り）… 10g

A
- 塩…小さじ1/2
- 砂糖…小さじ1/4
- 白胡椒…小さじ1/4
- ごま油…小さじ1

ひき肉のスープ
… 800ml（P11参照）
　※市販のチキンスープで代用可

作り方

1） トマトは角切りにする。

2） スープを火にかけ、トマト、豆もやし、
　　しょうがを入れて10分煮る。

3） 2にAを入れ、味をととのえてできあがり。

黄 豆 芽 蕃 茄 湯

Hu　　　　　ān qié tāng

海苔と卵のスープ

食堂の定番スープ。ふわっとした卵と海苔の相性がよく、
やさしくてほっとするスープ。
飲みたいときにささっと作れるのもうれしい。

材料2 〜 3人分
岩海苔 … 10g
溶き卵‥1個分
ひき肉のスープ … 600ml
（P11参照）

塩 … 小さじ1/2

作り方

1 鍋にスープを温め、岩海苔を入れ、
塩で味をととのえる。

2 1に溶き卵をゆっくり流し入れ、
火が通ったらできあがり。
好みでごま油をたらしていただく。

ズーツァイダンホアタン

紫菜蛋花湯

Zǐ cài dàn huā tāng

玉米排骨湯
ユイミーパイグータン

Yù mǐ pái gǔ tāng

とうもろこしとスペアリブのスープ

とうもろこしの甘みがじんわり広がるやさしい味のスープ。
とうもろこしは鍋や煮込み料理にも使われるポピュラーな存在。

材料2 ～ 3人分

スペアリブ … 400 ～ 500g
しょうが … 2 ～ 3枚
長ねぎ（緑の部分）… 1本分
とうもろこし … 1本
水 … 800ml ～ 1ℓ
塩 … 小さじ1/2

作り方

1) しょうがは薄切り、長ねぎはざく切り、
とうもろこしは4 ～ 5cmの厚さの輪切りにする。

2) 鍋にたっぷりの水（分量外）を入れて火にかけ、
沸騰したらスペアリブを入れ、
さらに沸騰したら茹でこぼす。

3) 鍋に分量の水と2のスペアリブ、しょうが、長ねぎ、
とうもろこしを入れ、沸騰したら弱火にして
さらに40分～ 1時間煮る。

4) 3の肉が柔らかくなったら、
塩で味をととのえてできあがり。

Column
台湾には「○○排骨湯」がいろいろある。漢方食材を入れたものや野菜を複数入れたものなどさまざまだ。
似たような味になってしまいそうだが、それぞれの素材の味が引き出された極上のスープになるからおもしろい。

餛飩湯
フントゥンタン

Hún tun tāng

P. 096

ワンタンスープ

細切りの卵と海苔は台湾らしいトッピング。
現地のワンタンは日本のものよりかなり大きめ。

材料2 ～ 3人分

ワンタンの皮 … 10 ～ 12枚

（餡）
豚ひき肉 … 80 ～ 100g
長ねぎ（みじん切り）… 大さじ1

A
塩 … 小さじ1/3
醤油 … 小さじ1/2
白胡椒 … 少々
米酒 … 小さじ1
ごま油 … 大さじ1
片栗粉 … 小さじ2

（スープ）
ひき肉のスープ … 600 ～ 800ml（P11参照）
塩 … 小さじ1/2

薄焼き卵（細切り）… 1個分
海苔（細切り）… 適量
セロリの茎と葉（刻む）… 適量

作り方

1) ボウルに豚ひき肉と長ねぎを入れ、
Aを加えて粘りが出るまでよく混ぜ合わせる。

2) ワンタンの皮の中央に1を小さじ山盛り1ほどのせ、
三角に折って両端をひだを寄せながら留める。

3) 鍋にスープを入れ、沸騰したら塩で味つけし、
2を入れて火が通るまで茹でる。
薄焼き卵、海苔、セロリを散らしてできあがり。

Column
台湾では、ワンタンの呼び名がいくつかある。抄手（チャオショウ）、餛飩
（フントゥン）、扁食（ピェンスー）など。
それは、四川、広東、台湾花蓮とルーツによって違う。餛飩はいわゆる
香港スタイルだが、豚肉ベースで大きめのワンタンが入るのが台湾流。

台式味噌湯

T

zēng tāng

台湾式味噌汁

その味わいは想像する日本の味噌汁とはちょっと違う。
カツオがきいていて少し甘めの味つけが特徴。

湯 (タン)
TANG

材料2人分
味噌 … 大さじ1〜2
だし汁 … 600ml
(濃いめのカツオだしにする)

A ┌ 醤油 … 大さじ1/4
　└ 砂糖 … 小さじ2

(具材)
ねぎ(みじん切り) … 4cm
豆腐 (さいの目切り) … 1/2個
わかめ … 適量
溶き卵 … 1個分
エシャロット (刻む) … 適量

作り方

1) 鍋にだし汁と味噌と**A**を入れ、強火で沸騰させる。
溶き卵とエシャロット以外の具材を入れる。

2) 溶き卵を入れてかき混ぜ、さらに煮込む。

3) エシャロットを加えてさらに1分煮込んでできあがり (エシャロットを加えると香ばしさが増す)。

Column
日本統治時代から台湾でも味噌汁は定番のスープだという。
具は豆腐のほか、つみれ、魚、大根、わかめ、もやし、玉ねぎ、好みの魚やかまぼこなどいろいろ。

Xià shuǐ tāng

P. 100

モツのスープ

「下水」の文字に、一瞬衝撃が走るが、
想像とは裏腹に透明感のある澄んだスープ。

材料2 〜 3人分

鶏砂肝… 100g
鶏レバー … 50g
鶏ハツ … 30g

水 … 800ml 〜 1ℓ
しょうが (千切り) … 20g
長ねぎ (白い部分・千切り) … 4cm

A
　塩 … 小さじ1
　米酒 … 大さじ1
　白胡椒 … 小さじ1/4

(香油)
ごま油 … 小さじ1/2
サラダ油 … 小さじ1/2

作り方

1) 砂肝は薄切り、レバーはひと口大に切る。
ハツは白い部分を取り除いてからそぎ切りにする。
すべてを沸騰した湯 (分量外) に入れて
さっと湯通しする。

2) 鍋に分量の水を入れ、沸騰したら1を入れ、さらに
沸騰したらしょうがと長ねぎとAを加えてさっと煮る。

3) 香油の材料を混ぜ合わせ、仕上げにたらして
できあがり。お好みで醤油膏を添え、
具をつけていただく。

Column

夜市でおなじみの顔。レバー、ハツ、砂肝のほか、鶏の腸も使うと
いう。丁寧な下処理がこの澄んだスープのポイント。台湾には、黒
と白それぞれの麻油 (マーヨウ=ごま油) と、ごま油とサラダ油など
を混ぜた香油 (シャンヨウ) がある。下水湯には香油が使われる。

Gòng wán tāng

つみれスープ

「QQ」とは台湾人が大好きな弾力のこと。このつみれはそのこだわりの食感を
そのままスープに浮かべたQQを味わうためのスープ。

材料2 〜 3人分（つみれ8 〜 9個分）

豚ひき肉 … 150g
干ししいたけ（水で戻して刻む）… 2枚
ひき肉のスープ … 800 ml（P11参照）
セロリの葉と茎（みじん切り）… 適量

A
塩 … 小さじ1/2
砂糖 … 小さじ1
白胡椒 … 少々
卵白 … 1/2個分
コーンスターチ … 大さじ1
ごま油 … 小さじ1
氷 … 1個

B
塩 … 小さじ1/2
魚醤 … 小さじ1/2
白胡椒 … 少々

作り方

1) フードプロセッサーに豚ひき肉とAを入れ、
白っぽいペースト状になるまで攪拌し、
干ししいたけを混ぜる。

2) 鍋に湯を沸かし、手に水をつけて1を握り、
親指と人差し指の間から肉を絞り出して
鍋に入れ茹でる。

3) 2のつみれが浮いてきたら、
さらに5分くらい茹でて取り出す。

4) 鍋にスープとBを温め、3のつみれを入れて5分
煮る。器に盛り、セロリを散らしてできあがり。

酸辣湯
スァンラータン

Suān là tāng

P. 104

サンラータン

台湾の酸辣湯は豚肉がベース。さらに現地の味に近づけたいなら、
鴨血 (ヤーシュエ) や豬血 (ジューシュエ) を入れるとよい。

材料2 〜 3人分

豚肉 (ロースやもも・細切り)
… 100g
たけのこ (細切り) … 100g
にんじん (細切り) … 1/3本
きくらげ (生・千切り) … 2枚
※乾燥の場合は3 〜 4枚

絹ごし豆腐 (細切り) … 1/2丁

鴨血 (薄切り) … 30 〜 50g

サラダ油 … 大さじ1

ひき肉のスープ (または水)
… 800ml 〜 1ℓ (P11参照)

A ┌ 塩 … 小さじ1
  │ 白胡椒 … 小さじ1/2 〜 1
  └ 台湾醤油 … 大さじ1

水溶き片栗粉
… 片栗粉大さじ1 〜 2を
  水大さじ2で溶く
溶き卵 … 1個分

B ┌ 香油 … 小さじ1 (P101参照)
  │ ※ごま油で代用可
  │ 酢 … 大さじ1
  └ 烏酢 … 小さじ2

作り方

1) 鍋にサラダ油を熱し、豚肉を炒める。
肉の色が変わったら、たけのこ、
にんじん、きくらげを入れて炒める。

2) 1にスープとAを入れ、弱火で15 〜 20分煮る。

3) 2に豆腐、鴨血を入れ、水溶き片栗粉を加え、
とろみがついたら、溶き卵を回し入れる。

4) 仕上げに、Bを入れてできあがり。
好みで黒胡椒を振り、
香菜を添えていただく。

Column

鴨血は鴨の血、豬血は豚の血を固めたもの。
つるんとした食感が特徴。臭みはなく、火鍋を
始め台湾ではよく食べられる (写真は鴨血)。

スルメイカのとろみスープ

魷魚はイカ、羹はとろみがあるスープのこと。独特のとろみと
ともにスルメイカの味わいがじんわりと口の中に広がる。

ヨウユィゲン

魷 魚 羹

Yóu yú gēng

材料2 ～ 3人分

ひき肉のスープまたは水
　… 800 ml ～ 1ℓ (P11参照)

A
- 台湾醤油 … 小さじ1
- 塩 … 小さじ1
- 砂糖 … 小さじ1
- 油葱酥 … 大さじ1/2
- 白胡椒 … 適量
- カツオだしの粉末
　… 小さじ1

(具)
干しスルメイカ (水で戻して細切り) … 50g
たけのこ水煮 (千切り) … 40g
干ししいたけ (水で戻して細切り) … 2枚
にんじん (千切り) … 1/3本
白菜 (食べやすい大きさに切る) … 2枚

水溶き片栗粉
　… 大さじ1 ～ 2を同量の水で溶く

作り方

1) 鍋にスープと**A**を入れ、火にかける。

2) 1に具材を入れる。

3) 具に火が通ったら、水溶き片栗粉でとろみをつけて
できあがり。仕上げに好みで少量の水で溶いた
沙茶醤と黒酢を少々加え、香菜を添えていただく。

P. 106

大根のスープ

メインのおかずを引き立たせる、箸休め的存在の
シンプルな定番スープ。柔らかく煮込まれた大根と
どこまでも澄んだ味わいを堪能して。

材料2 〜 3人分
大根 … 10cm
しょうが（薄切り）… 2 〜 3枚
塩 … 少々
水 … 800ml
セロリの茎（みじん切り）…適量

作り方

1）大根は縦に4等分し、2cm角程度に切る。

2）鍋に**1**の大根、しょうが、水を入れて煮る。

3）大根が柔らかくなったら、塩で味付けする。

4）器に盛り、セロリを散らしてできあがり。

ルォボータン
蘿 蔔 湯

Luó bo tāng

金針赤肉湯

ジンジェンチーロウタン

Jīn zhēn chì ròu tāng

P. 108

豚肉と金針菜のスープ

湯 タン TANG

金針菜のスープは、家庭でも屋台でもおなじみ。
シャキシャキした歯ごたえとほのかな甘みがある。

材料2〜3人分

豚肉 (赤身・薄切り) … 100g
塩 … 小さじ1/2
白胡椒 … 適量
米酒 … 大さじ1
ごま油 … 小さじ1

金針菜 … 15g
しょうが (千切り) … 10g
水溶き片栗粉
　… 片栗粉大さじ1を水大さじ2で溶く
水 … 800ml

塩 … 小さじ1/2

作り方

1) 金針菜を水に浸けておく
（浸水時間は下記コラム参照）。

2) 豚肉は、食べやすい大きさに切り、
塩、白胡椒、米酒、ごま油で下味をつける。

3) 鍋に水と金針菜としょうがを入れて加熱し、
沸騰したら弱火にしてさらに5分煮込み、
金針菜が柔らかくなったら、2の豚肉を入れる。
肉に火が通ったら塩で味つけし、水溶き片栗粉を
入れ、とろみがついたらできあがり。

Column

金針菜は、本萱草というユリ科の植物の花の蕾。台湾東部で栽培されている。鉄分が多く、漢方食材としても知られている。
蕾をそのまま乾燥させたオレンジ色のものと、蕾を蒸してから乾燥させた茶褐色のものがあり、どちらも水またはぬるま湯で戻
して使う。オレンジ色のものは30分、茶褐色のものは2時間くらい浸ける。スープのほか、炒めものなどにも使われる。

虱目魚湯
シームーユイタン

Shī mù yú tang

P. 110

サバヒーのスープ

地元では朝ごはんに食べる虱目魚肚粥（シームーユィドゥージョウ）も名物。
脂が多いが、独特な旨味がある。現地では魚は輪切りが定番。

材料2 〜 3人分

虱目魚 … 1尾
米酒 … 大さじ1
しょうが (千切り) … 2かけ

水 … 800ml

豆腐 (さいの目切り) … 1/2丁
長ねぎ (みじん切り) … 適量

A ┌ 米酒 … 大さじ1
  └ 塩 … 小さじ1

作り方

1) 虱目魚は、鱗を取って3枚におろし、
   骨を取り除いてひと口大に切り、米酒をまぶす。

2) 鍋に水としょうがを入れ、香りが出るまで煮る。

3) 2に1を入れ、ひと煮立ちさせ (煮込まない)、豆腐、
   ねぎを入れ、Aで味つけしてできあがり。
   好みで醤油膏とわさびを添え、
   虱目魚をつけていただく。

Column
台湾語でサバヒー、英語ではミルクフィッシュといわれる、台南名物の養殖魚。
最近は日本でも冷凍のものが手に入るようになったので見つけたらぜひ。

酸菜排骨湯

スァンツァイパイグータン

Suān cài pái gǔ tāng

タン
湯
TANG

スペアリブと漬物のスープ

かつてはお祝いのときに食べられていたという客家のスープ。
発酵食品の独特の旨味とスペアリブのだしが、じんわり染み渡る。

材料2 〜 3人分

スペアリブ … 300g
高菜漬 (食べやすい長さに切る) … 150g

A
しょうが (細切り) … 1かけ
米酒 … 大さじ2
水 … 1ℓ

塩 … 小さじ1 (好みで加減する)

サラダ油 … 大さじ1/2

作り方

1) スペアリブは茹でこぼす。

2) フライパンにサラダ油を熱し、1をさっと炒めて
高菜漬を入れ、香りが立つまで炒める。

3) 鍋に2とAを入れ、沸騰したら
弱火で50分〜 1時間煮込む。

4) 肉が柔らかくなったら、塩で味をととのえてできあ
がり。好みで赤唐辛子の輪切りや大根を加えても
よい。

Column

酸菜は乳酸発酵させた芥菜のこと。今回は味わいの
似た高菜漬で代用した。写真右は台湾の酸菜。

小吃を
めぐる旅

小吃どんぶりは、路地裏、食堂、夜市…街中にあふれている。
街角の名店、名もなき店のスナップ集。

好吃

店先の食品ケースには無造作におかずが並べられている。

SNAP 1

ハーザイミェン
蛤仔麵
（はまぐり麺）

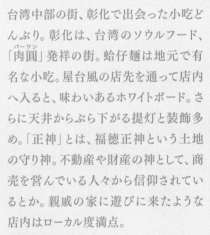

台湾中部の街、彰化で出会った小吃どんぶり。彰化は、台湾のソウルフード、「肉圓」発祥の街。蛤仔麵は地元で有名な小吃。屋台風の店先を通って店内へ入ると、味わいあるホワイトボード。さらに天井からぶら下がる提灯と装飾多め。「正神」とは、福徳正神という土地の守り神。不動産や財産の神として、商売を営んでいる人々から信仰されているとか。親戚の家に遊びに来たような店内はローカル度満点。

左）お父さんの代から2代目という蛤仔麵屋のお兄さん。カメラを向けるとはにかみながら笑顔を見せてくれた。右）あさりのむき身が入ったうまみのあるスープが特徴。地元民が通うこれぞローカル小吃！

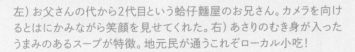

台中・豊原慈済宮近くの昼からやっている「廟東夜市」の一角。店先にはアルミのカップに詰め込まれた、こんがり揚がった排骨。どんな看板よりも最強の客寄せ効果。店内は、地元のお客さんでいっぱいだ。スープで飲んでも良し、麺を入れても良し。その時の胃袋のままに注文できる。おかずを追加したり、お好みのトッピングをのせたり…。自由、それが小吃の醍醐味。

揚げた排骨の香ばしさと程よい油の感じが、あっさりしているのに奥深いスープを作り出している。また食べたくなるサイズ感がちょうどいい。

鹹米苔目（太ビーフンスープ）

シェンミータイムー

嘉義の東市場は、外からだと中の様子がうかがいしれない屋内の屋台群。薄暗い通路を入ると店と人でひしめき合う。週末の朝は、朝食を食べに来た人々で賑わっている。まさに嘉義のフードコートだ。それぞれが、お目当ての小吃を頬張っている。米苔目は極太の米の麺。やわらかくてモチッ、ツルッとした食べ応え。ニラと油酥葱がアクセント。お腹が温まる、朝にぴったりの麺。

好吃

市東意麵

米苔目	米粉	油麵	意麵	魚丸湯	手
小35大45	小35大45	小35大45	小35大45	15	
乾・湯	乾・湯	乾・湯	乾・湯		

台南の人々が行列する名物小吃。べちゃっとしたご飯。プリッとしていないえび。台南小吃はパラレルワールド。別次元の味覚地帯。そのえびの正体は、台南沿岸でしかとれない赤えび。炎のように赤いことから、「火燒蝦」と呼ばれている。

醬油味のえびとカツオだしをごはんに絡めた名物小吃は、凡人には味覚が追いつかない味わい。地元民は鴨の卵焼きをトッピングする。

SNAP 4 蝦仁飯（えびごはん）

シアレンファン

ホアシャオシア

好吃

おばさんが詰めているのは外帯（テイクアウト）用の蝦仁飯。厨房は大忙しだ。

市場で見つけた「火燒蝦」。日本の小えびより大きいサイズ。

P. 123

ジーロウファン

雞肉飯（鶏肉ごはん）

嘉義は、雞肉飯発祥の地。配給時代に、豚肉が手に入らず、配給でもらった七面鳥の肉で魯肉飯を作ったところ、これがまた美味だった、という誕生秘話がある（諸説あり）。名物小吃には語り継がれるストーリーあり。ローカル店では七面鳥も鶏肉も味わえる。台湾中南部でおなじみの、大きいかけらの油酥葱と鶏の脂を回しかけたシンプルなどんぶり。

P. 125

SNAP 6 街角の屋台 通りを歩けば、小吃にあたる。路地裏には、名もなき屋台が無数に存在する。
いつでも食べたい時に気軽に食べられる幸せ。積み上がったどんぶりに心ときめく。

SNAP 7

ゾンハータン　　　　　　ミェン
綜合湯・麺
（ミックススープ・麺）

綜合湯は文字通り、肉団子（貢丸）や魚団子、海鮮など、色々な具材が入ったスープのこと。
台湾の人って貢丸好き。あの独特なQQ（弾力）が台湾らしい食感を生んでいる。小さなどんぶりに大きく見える貢丸。そのバランスがかわいい綜合湯。

SNAP 8

チーユィミーフェンタン
旗魚米粉湯（かじきビーフンスープ）

台北・迪化街の入り口にある永楽市場前の名物小吃。目の前の中華鍋で、手早く作られるかじきマグロの汁ビーフン。一瞬の早業とは思えぬ、魚のだし感。ビーフンとの相性も抜群の小吃。店の名もズバリ「民樂旗魚米粉湯」。朝から開いているので朝ごはんにぜひ。

P. 129

酸辣湯 × 水餃子

定番ペア

台湾の小吃には、ユニークなどんぶりのペアリングがある。

水餃子には、酸辣湯のほか、意外なところで玉米湯も定番！

ほかにも！

試してみて！

紫菜湯(海苔のスープ)や苦瓜排骨湯(白ゴーヤとスペアリブのスープ)は、万能などんぶりのお供。とりあえず、頼むべし。

味 噌 湯 × 涼 麺

リング！

ちょっと通っぽくオーダーしてみたい、マネしたくなる新しいどんぶりの世界。

狀元及第
羅宋湯
涼麺

涼麺は朝ごはんの定番メニュー。それにはなんと味噌湯がつくのが台湾流。

雞肉飯のお供は蚵仔湯。地元・嘉義ならではのペアリング。

蚵 仔 湯 × 雞 肉 飯

ものすごいとろみゆえ、もはやスープのようにレンゲで食べる。

好吃

蚵仔麺線

肉 羹 ~ (傳統美食) ~ 油飯

老百年老店

ミェンシェン
麺線
（とろみそうめん）

台湾の小吃を代表する麺料理、麺線。小ぶりな牡蠣が入った蚵仔麺線、豚のモツ入りの大腸麺線。また両方が入った綜合麺線もある。台湾特有のそうめんのような細麺にカツオだしがきいたとろみスープ。お好みで辛い薬味を加える。立ち食いでも食べたい台湾のソウルフード。

左）熱々を立ち食いでレンゲでかき込む。右）鮮やかなグリーン。これぞ小吃どんぶり。

魯肉飯！

夜市の

啤酒！

P. 134

小吃！

毎日がお祭の屋台のような
夜市。台湾のナイトマーケットは
伝統小吃の宝庫。ローカルフード
を堪能できる。夜市は、もともと
は廟にお参りに来た人のために
たった市が始まりだったという。
まさに台湾のパワースポット。

貢丸湯！

藥燉排骨湯

排骨酥麵！

店先には、お粥に合う茶色
いおかずがずらりと並ぶ。

P. 136

清粥（お粥）

チンジョウ

清粥は具のないお粥。それに好みのおかずを添え
て食べる。日本では味気ないイメージのお粥だが、
おかずに合わせることで無限の美味しさを秘めた
料理になる。お粥をいただくためのおかずか、おか
ずを味わうためのお粥か。どちらも引き立て合う名
コンビ。朝ごはんから夜食まで、いつでも優しくお腹
を満たしてくれる。

好吃

飯

茶碗に盛られたごはんには親近感を感
じるが、米に対する感覚は日本と台湾
においては食文化の背景も含めて違い
がある。台湾も日本同様に米が主食の
文化。台湾の米は「在来米」と呼ばれ
るインディカ米が主流だったが、日本統
治時代に日本の米不足を補うために、

輸出用に台湾でジャポニカ米が栽培
されるも、気候が違う台湾では、ジャ
ポニカ米の栽培は上手くいかず、イン
ディカ米とジャポニカ米を交雑させ、
品種改良を重ねてできたお米が、
「蓬莱米」と名付けられた。高雄の美
濃、台東の池上、花蓮の富里、宜蘭
の五結郷など、台湾各地に米の産地
があり、たくさんのブランド米が存在
する。かつては、ごはんは茹でてから
蒸らす方法だったが、1960年代、日
本式電気釜の普及により「蓬莱米」
も広まったとされる。どんぶり飯には
台湾と日本を結ぶ意外な歴史があっ
たのだ。

台中は米どころ
なのよ〜！

台中は日本統治時代に天
皇に米を献上していたそ
う。また、米作りに加え日
本式の味噌造りも伝わっ
た。左は味噌会社を経営
する台中マダム。

台湾米は香りが良いのが特
徴。香米は台湾人が好きな
タロイモの香り。

豚肉は捨てるところがなく、どんな部位も無駄にせず料理に使われる。

新鮮だよ！

食材を探しに〜「猪肉」

台湾では豚肉は「猪肉」（ジューロウ）と書く。豚肉を使った料理が多く、そして何より肉がおいしい。魯肉飯ひとつとっても、日本で再現する際に何か物足りなさを感じるのは、豚肉のポテンシャルが違うからだと思っている。以前、料理を教えてもらったお母さんによれば、どんなにスーパーが近くにあっても肉と野菜だけは市場に買いに行くという。新鮮な豚肉を手に入れるため、しめたばかりの肉を買いに朝一番に市場へ向かう。市場では解体した肉は一日で売り切るため、冷蔵庫に入れることはない。新鮮な豚肉は臭みがなく、甘みがあって脂身もおいしい。台湾では、お祝い事には猪脚（ジュージャオ）（豚足）を食べる。見た目のグロテスクさとは裏腹に食べやすい。信仰心が熱い台湾では、農家では豊穣と平穏を祈り豚を奉納するのだそう。聖なる豚は、飯・麺・湯のいずれにも欠かせない食材だ。

P. 141

麺

台湾は主食級に麺を食べる。そしてその種類も多い。街で見かけたローカル度満点の製麺工場には、さまざまな種類の麺が売られていた。よく見かけるうどんを細くしたような麺には特に名前がない。コシはないが伸びない麺。小麦の風味が心地よい。日本にはないスタイルの麺が台湾の定番。

麺の種類はたくさんあるのよ！

飯ページにつづき麺にも米が登場する。福建省から入ってきた米粉（ビーフン）は、名産地・新竹では100%米でできたものもある。細くて優しい味わいの米粉は、炒めたり、汁に入れて食べられる。同じく米麺の客家の米苔目は、うどんのような見た目だが、やわらかくツルッとした食感。汁物のほかスイーツにも使われるユニークな麺。客家の板條は、板状の米麺。米の麺だけでもバリエーションが豊富だ。

小吃どんぶりの代表格でもある麵麵は台湾にしかない麺。これもまた細いけれど伸びない麺。麺が長いことから、長寿を願い誕生日に麺線を食べる習慣もある。麺料理以外に麻油雞（黒ごま油炒めの鶏スープ）などスープに入れて食べることもある。

黄色い麺は中華麺。屋台や食堂で大きなビニール袋に入っている。

台南の担仔麺や、朝ごはんの定番の涼麺でもおなじみ。

台湾南部で特徴的なのは、元祖インスタント麺の意麺。揚げ麺タイプはB級っぽいけど汁を吸っておいしい。雞絲麺も同じ部類。鹽水意麺（P75）はツルッとした食感であえ麺もハオチー。

そして台湾では、粉絲（春雨）も立派な麺類。

ほとんどの麺類が注文の際は大か小、また麺は汁あり（湯麺）か汁なし（乾麺）が選べる。

台湾は麺天国！

A春雨／B特に名称のない一般的な細麺／C意麺／D麺線／E中華麺／F粄條／G新竹の米粉／Hあえ麺のタレ。

湯

台湾の湯（スープ）は、拍子抜けするほどシンプル。すなわち素材そのものの味がする。台湾では、小吃に湯は欠かせない。飯のお供に添えられたり、台湾ならではのペアリングもある。

透き通ったスープの中には味を決める素材のみ。だけど、物足りなさはなく、素材の味が口の中に広がる。ほんのちょっとの

好吃

たスープは、白飯といただく。朝から行列したって構わない！　そんなおいしさなのだ。

透明感という言葉がぴったりのスープばかりかというとそうではない。半透明、すなわちとろみ系も定番。猫舌泣かせの冷めない系。しかも想像するよりとろみが強いのが特徴。特に南部はとろみ強し。烏酢をちょっと垂らすとまたおいしい。

台湾に来て驚いたのはカツオだしのきいた味噌湯。日本の味噌汁ををはるかに超えただし感は、台湾ならではの味となっている。

健康志向が強い台湾では、夜市に行けば薬膳スープが気軽に食べられる。薬膳系もまたシンプル。生薬から出た味とほんの少しの塩のみ。体にじんわりしみわたる。

台湾の「湯」はさっぱりからこってりまで、主役級から脇役までと層が厚い。

薬味の働きでスープとして成立しているのだと思う。小吃どんぶりを引き立てる名脇役、それが「湯」だ。

名脇役に留まっているかと思いきや、主役級も黙っちゃいない。台南名物の虱目魚湯と牛肉湯（牛肉のスープ）はスープが主役。ちょっと大きめのどんぶりに入っ

肉も魚も
どっちのスープも
おいしいよ！

食材を探しに〜
市場は食材図鑑

市場には、飯・麺・湯に使う食材が揃っていて、まるでレシピ本の食材図鑑。市場を歩いていると、食文化の違いを肌で感じることができる。日本と同じ食材でも陳列の仕方にお国柄が出て、そんなところもおもしろい。スープや炒めものに使われるカットされたスルメイカはアルミのザルに。スープや鍋などいろんなシーンに登場するつるんとした食感の「鴨血」は豆干などと一緒に売られている。台湾人が大好きなQQアイテム「貢丸（つみれ）」もたいていの市場に並んでいる。台湾では身近な薬膳スープのスパイスも市場で手に入る。市場を歩いている気分を味わって。

A鴨血／B貢丸／C漢方食材／
D金針菜／E豆干／F酸菜／G
芹菜／H煮卵

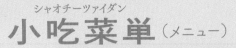

シャオチーツァイダン
小吃菜単（メニュー）

集雲賓嘉

肉燥飯	米鬆肉糕	魚菇肉飯	香菇肉飯	香合丸	綜合丸湯	魚丸湯	蝦丸湯	肉丸湯	貢丸湯	魚肚湯	魚皮湯	魚肚丸湯	魚皮丸湯
外帶 20	30	30	40	40	30	30	30	30	30	80	40	110	70

新上市 水餃

飲食區 5 號

30幾平麺店古早味傳統小吃

北市建中路字

魚丸湯	冬粉湯	台中肉貢
30	30	40

4

18

阿明豬心

P. 150

單點													
油豆腐	魯肉 (一塊)	小菜	冬粉肉圓湯	粉腸湯	豬肝湯	豬肚湯	豬心湯	蝦仁湯	肉燥飯便當	魯肉飯便當	腳筋飯	肉燥飯	魯肉飯	價目表

油豆腐 大 30 小 15

小菜 大 40 小 20

45 · 15 · 20 · 40 · 40 · 40 · 40 · 40 · 70 · 90 · 60 · 35 · 60

香菇飯湯　綜合湯　魚丸湯　蝦丸湯　肉丸湯　貢丸湯　魚肚湯　魚皮湯

謝謝光臨 ③

P. 151

阿城號
壹佰年的好味道

民國前十年，莊乞丐先生以手推車的方式在城隍廟口賣起了炒米粉。民國十年，人稱阿城的莊金城先生接下了棒子，自此，當令遠近馳名的「阿城號」誕生了。從第三代葉錫欽先生傳承至第四代的葉榮鈞先生，直到民國八十八年，葉詩蘋與葉紫苓小姐以第五代的身分加入了經營行列，至此，以賣炒米粉起家的「阿城號」以落地生根百餘年，製了四大品項，令過往的來客難以忘懷潛心研

小吃どんぶりのある風景

おいしい店にはどんぶりがある。どんぶりの数
だけおいしさがある。

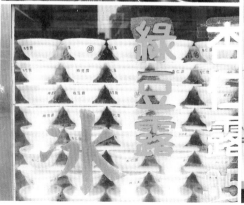

食堂アイテムコレクション

歓迎光臨！

吃吧！

歡迎光臨！

吃吧！

四神湯

阿阿 民國六十六創立 四神湯 肉粽 肉包 泰 福州魚丸
桐寶

西湯 肉粽 肉包 燒賣 福州魚丸

155

｜ お わ り に ｜

構想から３年、コロナ禍を経て本の制作に。
身近だった台湾が遠い場所に感じた時間でもありました。

料理撮影ではおなじみのメンバーとの再会。
尽きることのない台湾話。
街角のあの店はどうしているだろうか？

「ああ、この香り、そうそう、この味」
おいしい味の記憶は台湾をグッと引きよせた。
撮影は台湾へのリハビリ。
読者の皆さまにも同様に感じていただけるよう願いつつ。

そろそろ出かけよう！

あの味と、まだ知らないどんぶりを探しに。
小吃の旅は続く。

ブックデザイン　佐藤 ジョウタ(iroiroinc.)
料理撮影　　　公文 美和
イラスト　　　オガワナホ
校正(レシピ)　株式会社ゼロメガ
編集　　　　　山本 尚子(グラフィック社)

ファン　ミェン　タン
飯 麺 湯
タイワンシャオチー
台湾小吃どんぶりレシピ

2023年4月25日 初版第1刷発行

著者　　　口尾 麻美
発行者　　西川 正伸
発行所　　株式会社グラフィック社
〒102-0073
東京都千代田区九段北 1-14-17
Tel.03-3263-4318 Fax.03-3263-5297
http://www.graphicsha.co.jp
振替 00130-6-114345
印刷・製本 図書印刷株式会社

口尾 麻美（くちお あさみ）
料理研究家／フォトエッセイスト

旅で出会った食材や道具、ライフスタイルが料理のエッセンス。異国の家庭料理やストリートフード、食文化に魅せられ写真に収めている。道具好きで各国のキッチン道具を収集している。2022年、各国のローカルフードとお酒を楽しめるHAN をオープン。
@ han__étoile
@ asami_kuchio
著書に
『まだ知らない 台湾ローカル 旅とレシピ』グラフィック社
『旅するインテリア』ケンエレブックス　「旅するキッチン」家の光協会　ほか

本書スタッフお気に入りの小吃どんぶり！

口尾 ⇨ 意麺、牛肉湯
佐藤 ⇨ 台南蝦仁飯、玉米排骨飯
公文 ⇨ 麻油雞飯、緑豆粥、沙茶炒米麺、米粉湯、玉米排骨湯
オガワ ⇨ 擔仔麺、牛肉湯
山本 ⇨ 台南虾仁飯、牛肉麺、四神湯